Herstellung und Verlag: BoD – Books on Demand, Norderstedt
ISBN: 9783746096995

Originalausgabe

Meditations-Gedichte

Vorwort: Shakyamuni Buddha ist zum Stereotyp des Meditierenden* geworden. Doch Buddha ist mehr als ein Stereotyp. In der tiefen Meditation seiner drei Nachtwachen verwirklichte Buddha das höchste Ziel Nirwana. Aus Mitgefühl begann er dann zu lehren, damit auch wir heute das höchste Ziel des Nirwana erreichen können. In seinem achtfachen Pfad bekam die Meditation einen zentralen Platz. Auf dem Pfad des Buddha-Dharma, der vom Leiden zum Nicht-Leiden führt, ist Meditation der Schlüssel.

Mit ihm verbunden im Sitzen

Auf meinem Meditationskissen
Will ich sitzen und alles Leid ausschwitzen!

Ich vertraue ihm!
Ich glaube ihm!
Ich folge ihm!

Ich vertraue dem Buddha.
Ich glaube dem Buddha.
Ich folge dem Buddha.

Er lehrte das, was unbeständig, leidhaft und
nicht-ich ist und ich lerne von ihm.

Er saß drei Nachtwachen lang
Und erwachte.

Steinharte Gedankenschranken

Atme ein.
Atme aus.
Lass los die Pein.
Lass los den Graus.

Außen erscheint
Hart und real,
Weil innen ergreift:
So entsteht die Qual.

Gedanken fesseln
Wie echte Seile.
Erinnerungen knechten.
Geistige Pfeile.

Sitze auf dem Kissen
Und lerne zu atmen.
Gedanken schwitzen.
Durchdringe Atman.

Atme ein.
Atme aus.
Glücklichsein
Im leeren Haus.

Klare Kanten

Loslassen,
Anstatt zu hassen.
Einfache Worte,
Schwerer Weg.

Probiere,
Versage
Und probiere
Erneut!

Nur der Atem,
Der leer ist.
Nur der Atem
Befreit vom Ich.

Wen willst
Du darstellen,
Wenn alles
Darstellen
Nur ausgedacht ist?

Giere nicht,
Aber liebe.
Gib alles
Und noch mehr.

Wahre Wunder

Friedlich sitzen
Ist ein Wunder.

Friedlich auf der Erde zu gehen,
Ist ein größeres Wunder,
Als übers Wasser zu gehen.

Mit Frieden im Herzen
Und Frieden im Geist
Zu leben, ist ein wahres Wunder:
Begreift das Menschen
Der Erde!

Erkennt die wahren Wunder
Und nicht nur jene,
Die interessant erscheinen,
Doch nur Tricks sind.

Lebt in Frieden und
Werdet lebende Wunder!

wahre und falsche Träume

Träume
Zerreißen
Das wahre Licht,
Wenn sie die Geburt
Einer Illusion sind

Die Wahrheit heilt
Und befreit

Befreit dich nicht,
Wonach du greifst,
Dann war es falsch

Lügen räumen
Traumräume ein

Träume
Wenn schon denn schon
Den Traum der buddhistischen
Freiheit

Früchte der Meditation

Stille
In dieser
Hektischen Welt

Einkehr
Zwischen dem
Ganzen Chaos

Momente
Des Erwachens
In einer verblendeten
Gesellschaft

Orte
Des Friedens
Zwischen den
Kriegsparteien

Harmonie
Inmitten
Des Streits

Atme hier und jetzt

Folge dem Atem.
Werde gewahr.
Spüre deinen Atem
Klar.

Voll bewusst
Kannst du sein
Und das nutzen,
Um dich von Sorgen
Zu befreien.

Hier und jetzt
Zersetzt das Klammern
An vergangenes Jammern.

Hier und jetzt
Vernetzt dich mit
Deinem wahren Selbst!

Frei sein

Meditation
Befreit.

Meditation
Heilt.

Meditation
Löst die Sorgen
Und vertreibt
Dein Leid.

Meditation
Zeigt,
Was dahinter liegt,
Während oberflächliches
Scheint.

Begreif: Meditation
Bringt dir innere
Freiheit!

Übung in Geduld

Lange Warteschlangen:
Mit ihr gelange ich
Zur Geduld.

Ungeduld
Ist Schuld
An den Stürmen
Meines Herzens.

Ungeduld
Ist Schuld,
Wenn ich handle,
Ohne zu überlegen.

Ungeduld
Ist Schuld,
Doch in Geduld
Liegt die
Heilsame Huld.

Morgenmeditation

Setz dich jeden Morgen hin
Und reinige dein inneres Licht.

Heile dich,
Während du
Achtsam sitzt.

Nähre dich
Von Buddhas Licht.

Sitz allmorgendlich
Und dann stich
In deinen Tag befreit
Von vergangenem Leid.

Leer im Schmerz

Atme einfach
In den Schmerz rein.

Denn er ist leer;
Doch dieser Weg
Ist schwer.

Sie sagen,
Das ist der Königsweg
Und sie wissen,
Wie schwer er ist.

Könige brauchen
Wir nicht,
Aber einen Weg,
Der aus dem Leiden
Herausführt.

Das Meditationsobjekt

Unabgelenkt
Auf das
Meditationsobjekt

Konzentriert
Halten wir
Das Bild

Ist der Atem Objekt
Geht er niemals weg
Aus dem Bewusstsein,
Welches dadurch heilt
Vom Wahn der
Unvergänglichkeit

Sieh, aber ergreife nie
Leer und sehr
Heilsam

Karma

Träume aus
Alten Tagen.
Träume von
Einer alten Liebe.

Ist Karma der Traum
Vergangener Leben.
Träume ich ständig
In karmischen Zügen.

Sitz auf dem Kissen.
Lass dein Karma fließen.
Es kommt. Es geht.
Es webt und lebt.

Sitz auf deinem Kissen
Und tu dein Karma küssen.
Nimm es an. Nimm es auf.
Leer ist sein Lauf.

Wahres Selbst

Finde dich selbst
Im leeren Spiegelbild.

Finde dein wahres Schicksal
Auf dem Sitzkissen.

Finde deinen Traum
In der Wirklichkeit des Dharma.

Finde wahre Erfüllung
In gelebten Mitgefühl.

Finde die Buddhanatur
In deinem wahren Selbst.

Leere Spiegel

Kein Mensch,
Aber Dharma.

Lebendige Lehre
Auf dem Kissen.

Schneide ab:
Persönlichkeitswahn.

Atme frei
Und wahr.

Meditiere
Und realisiere.

Leer ist
Keine Inhärenz.

Frei fließen
Fünf Skandhas.

Allumfassender Pfad

Reifen
Auf dem Kissen.

Beim Gehen
Meditieren.

In der Arbeit
Praktizieren.

Der Pfad ist überall!
Zerschneide nicht
Und teile nicht.
Doch setz dich
Hin und meditier!

Träume und Traumata

Angst.
Altes Gewand.
Gefangen.

Geist:
Weist Bilder,
Vereist Gefühle.

Atmen.
Wagen
Hier und jetzt
Zu sein und
Die Angst abzuschneiden.

Trauma.
Karmas Sarg.
Fern und
Doch nah.

Taten reifen.
Erinnerungen weisen
Leid.

Auf dem Kissen
Schwitzen, um sich
Zu lösen!

Durch die Dunkelheit

Meditiere
An den guten Tagen
Und meditiere durch
Die harten Jahre.

Gute Tage kommen.
Doch die harten Jahre
Zeigen, wer wir wirklich sind.

Im Angesicht der Angst.
Im Licht des Hassens
Und im Strudel der Gier.

Mensch dein Leiden
Wird dir ewig erscheinen.
Doch alles endet
Und verändert sich.
Glaube an Buddhas Licht
Und meditiere.

Kleiner Wald

Auf nur einem Bein
Steht er still.
Stundenlang.

Sein Kopf
Ist kahlrasiert
Und ein leichter Wind
Weht aus dem kleinen Wald.

Stille beim Essen.
Stille beim Meditieren.
Auch beim Trainieren
Sind sie still.
Nur der Atem stößt
Laut aus, wenn
Sie zustoßen.

Faust. Fuß. Stock.
In allem lebt Buddha.
Hier überlebte Buddha
Im roten China.
Shaolin!

Sei Frieden

Finde Frieden
Im Chaos

Es stürmt links
Es stürmt rechts
Es stürmt im Herz

Die Welt zerreißt dich
Und frisst dich
Mit Haut und Haar

Guck nach innen
Atme ein und
Fokussiere deinen Geist

Sei das Stille Auge
Des Tornados
Sei der Ruhepol
Des tiefsten Ozeans

Annehmen

Heile
In der Weile

Halte aus
Und renn
Nicht raus

Erfahre
Das Wahre

Akzeptiere
Das Unausweichliche

Auf dem Kissen
Schwitzen
Ohne sich in die Ritzen
Der Zerstreuung zu flüchten
Ist hart, aber der Weg,
Der zur Befreiung führt

Auf dem Sitzkissen

All dein Leid endet
Auf dem Sitzkissen

All deine Sorgen enden
Auf dem Sitzkissen

All deine Probleme verschwinden
Auf dem Sitzkissen

Dein Herz heilt
Auf dem Sitzkissen

Deine Träume werden wahr
Auf dem Sitzkissen

Auf dem Sitzkissen kommst du
Der Erleuchtung nah!

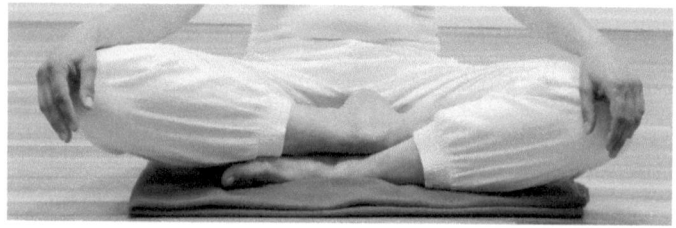

Wunder der Meditation

Die Macht der Meditation
Liegt in ihrem heilenden Lohn.

Die Kraft des Meditierens
Kannst du spüren,
Wenn du still zulässt,
Dass das Leid dich verlässt.

Die Wunder des Sitzens
Kommen nicht nur auf
Dem Meditationskissen.
Die Wunder der Meditation
Sind der heile Karmalohn.

Im Meditieren steckt die Kraft,
Die Heilsames erschafft.
Beim Meditieren kommen Wunder
Und machen uns innen gesünder!
Glaube, aber das brauchst du nicht.
Sitz einfach und befreie dich!

Eins bis zehn

Zähle deine Atemzüge
Immer wieder von
Eins bis zehn!

Egal ob der Sturm
Vergangener Liebe peitscht …

Egal ob der Tod
Nach dir greift …

Egal ob der Schmerz
Ins Unermessliche reicht …

Egal ob Liebeskummer
Dein Herz zerreißt …

Eins bis zehn
Immer wieder
Eins bis zehn
Immer wieder
Eins bis zehn

Glücksmeditation

Glück
Steckt in den Ritzen
Des Meditationskissens.

Glück
Wächst schnell
Im Achtsamkeitskarussell.

Glück
Reift schneller
Auf der Mitgefühlswelle.

Glück
Schwingt frei
In jeder Meditationseinheit.

vier Elemente

Vier
Elemente
Ein
Sitzkissen

Seit
Alter Zeit
Lösen
Meditierende
Ihr inhärentes Selbst
In den Vier auf

Aus Vier
Sind wir
Doch sind
Wir aus vier
Sind wir
Nicht inhärent

Immer!

Sitz
Im dunklen Licht!

Such
Buddhas Licht!

Dunkle Tage
Auf dem Kissen
Ausschwitzen.

Harte Jahre
Auf dem Kissen
Durchsegeln.

Meditieren,
Um zu überleben.

Meditieren,
Um zu bestehen.

Atemfokus

Nur der Atem
Kein Stress

Nur der Atem
Kein Test

Nur der Atem
Kein Boss

Nur der Atem
Kein Liebeskummer

Nur der Atem
Kein Schmerz

Nur der Atem
Und mein Herz

Genesen

Meditieren
Und sich kurieren.

Heilen
Beim Verweilen.

Gesunden
In vielen
Meditationsrunden.

Sich wohl fühlen
Beim Zuflucht
Nehmen.

Buddhas spenden
Segen auf allen
Dharmawegen.

Inneres Haus

Außen oder
Innen
Was ist real?
Beides und
Doch …

Im inneren Haus
Ruht dein wahres Selbst

Im inneren Haus
Liegt der Samen
Des ganzen Universums

Im inneren Haus
Wartet dein Glück

Im inneren Haus
Reift Weisheit

Im innerem Haus
Wartet das Tor
Zur Buddhaschaft*

Beim Meditieren

Der Hektik der Welt
Widersteht kein Held,
Aber beim Meditieren
Lässt sie sich kontrollieren.

Die dumpfe Gier
Frisst den Frieden,
Aber beim Meditieren
Lässt sie sich analysieren.

Überall herrscht Wahn
Und macht die Welt schwach.
Beim Meditieren
Lässt sich ihr Wesen verstehen.

Gewalt und Hass
Machen uns allen Angst.
Beim Meditieren
Lernen wir ihr zu widerstehen.

Wahre Weisheit heilt
Alles irdische Leid.
Beim Meditieren
Können wir sie gewinnen.

friedliches Meditieren

Frieden finden
Im Sonnenschein

Im Fluss
In Frieden treiben

Frieden im
Wind finden

Friedlich dem
Bach zusehen

Friedensplatz
Am Strand

Den Friedenseingang
Beim Meditieren

Wahrer Blick

Träume werden wahr,
Wenn sie wahre Träume sind.
Doch Menschen erkennen nicht,
Was wirklich ist.

Deshalb meditieren wir,
Um zu sehen, was wahr ist.
Deshalb meditieren wir,
Um zu verstehen, was wahr ist.
Deshalb meditieren wir,
Um zu erkennen, wie die Welt
Wirklich ist.

Verblendeter Geist.
Falsche Sicht.
Intellektuelle Filter
Führen dich
In dein persönliches
Höllenreich.

Erkenne, was wirklich ist
Und was Wahrheit wirklich ist
Und lache frei
Im glücklichen Sein.

Darum!

Meditieren,
Um zu analysieren

Meditieren,
Um zu verstehen

Meditieren,
Um zu erkennen

Meditieren,
Um das wahren Wesen
Zu sehen

Meditieren,
Weil es Spaß macht

Meditieren,
Weil es Teil meines
Lebens ist

Meditationsbilder

Das Bild
Tief in mir

Spiritueller
Ozean

Macht
Und Freiheit

Macht über
Die falsche Realität

Freiheit von
Äußeren Fesseln

Das Bild
Tief in mir

Quelle
Der Liebe

Ozean
Des Mitgefühls

Frei von Leid

Sich befreien
Vom Leiden

Wandel ist in allem
Deshalb bist du
Nicht gefangen

Freiheit wartet
Auf die Starken

Freiheit ist
Für jene, die fleißig
Auf dem Kissen sind

Befreie
Dich vom Leid!

Lass es hinter dir.
Strebe zu Buddhas
Nirwana Ziel!

Kummerkissen

Tränen wehen
Auf dem Sitzkissen.
Trauer spielt
Ihr düsteres Rollenspiel.

Kummer
Stirbt nicht auf
Dem Sitzkissen,
Aber wir umarmen ihn
Mit Liebe und Mitgefühl.

Das gebrochene Herz
Schmerzt beim Meditieren.
Die zerstörte Liebe greift
Nach dem inneren Frieden.

Setz dich hin
Und meditiere,
Auch wenn dein Herz
Schmerzt und schwer ist
Wie die ganze Welt.

Heile auf dem Kissen,
Selbst wenn es ein Weile
Dauern wird.

Einfach nur

Einfach nur Frieden
Beim Meditieren.

Einfach nur Harmonie
In der meditativen Tiefe.

Einfach nur lächeln
Auf dem Sitzkissen.

Einfach nur erwachen
Und nie wieder hassen.

Einfach nur sein,
Ohne zu leiden.

Einfach nur meditieren
Und zur Buddhina reifen.

Einfach nur Nirwana
Ohne böses Karma.

Jede:r

Jedes Wesen wünscht sich jenes Glück,
Welches auf dem Pfad der Meditation
entspringt.

Kein Wesen will leiden.
Kein Wesen will greinen.
Kein Wesen will weinen.

Jedes Wesen will den Pfad der Auflösung allen
Leidens gehen und kann ihn durch das Tor der
Meditation betreten.

Jedes Wesen will lachen.
Jedes Wesen will strahlen.
Jedes Wesen will wachsen.

Jedes Wesen will frei von Leiden leben und
deshalb muss jedes Wesen die vier Wahrheiten
verstehen.

Die Wahrheit vom Leiden.
Die Wahrheit von der Ursache des Leidens.
Die Wahrheit von der Auflösung des Leidens.
Die Wahrheit vom Pfad zum Ende allen Leidens.

Wahre Werte

Wahre Werte
In der Meditation

Die Stärke
Wahre Werte
Zu leben, gibt dir
Die Meditation

Wahre Werte:
Güte, Mitgefühl,
Altruismus

Wahre Werte:
Aufrichtigkeit, Liebe,
Ehrlichkeit

Wahre Werte:
Fünf Silas

Im Guten und Schlechten

In guten wie in schlechten Zeiten:
Meditieren und sich fokussieren
Auf den Pfad des Dharma.

An guten wie an schlechten Tagen:
Meditieren und sich fokussieren
Auf den Pfad des Buddha.

In guten wie in harten Leben:
Meditieren und hingehen
Zur Sangha.

Stimmungen. Gefühle. Emotionen. Gedanken.
Sind unerleuchtet. Sie erzeugen Leid, Kummer,
Sorgen und Neurosen, wenn sie nicht durch den
heiligen Dharma gefiltert werden.

Liebessitz

Was Liebe und Mitgefühl weben,
Kann in der Meditation entstehen.

Frieden und Güte leben
Auf den Meditationswegen.

Träume erfüllen
Und auf dem Sitzkissen lümmeln.

Sehnsucht kratzt
Am Meditationstag.

Wünsche werden wahr
Durch meditatives Karma.

Und Glück entspringt,
Während wir still sitzen.

Täglich

Täglich meditieren
Und die Sorgen
Transzendieren.

Täglich neues verstehen,
Um die Weisheit
Zu erwerben.

Täglich praktizieren
Und sich darin üben,
Buddhas Lehre zu leben.

Täglich realisieren,
Wie dankbar ich bin.

Täglich fleißig üben
Bis zur Buddhaschaft*!

Weltschmerz

Ich lass mich fallen
Und sprenge alle Fesseln.

Die Welt will dies.
Die Welt will das.
Immerzu will
Die Welt was.

Keine Ruhe.
Stress und Hektik.
Doch ich hab es satt
Und spreng alle Fesseln
An die Welt.

Keine Ruhe.
Stress und Hektik.
Doch ich lass los
Und lass mich fallen
Auf meinem Meditationskissen!

Wider die Gier

Gier das fiese Tier
Verlässt dich nie,
Außer du meditierst!

Gier gräbt tief
Und reißt aus dir
Mehr als Fleisch.

Meditier und besieg
Die nackte Gier.
Meditier und erblüh
In neuer Liebe.

Drei

Die Welt sperrt dich ein.
Der Dharma lässt dich frei.

Die Gier kettet dich an.
Dharma lehrt dich loszulassen.

Der Hass macht dich schwach.
Dharma macht dich stark.

Der Wahn hält dich gefangen.
Dharma lehrt dich Wahres
Zu erkennen.

Meditier und fühl
Den Dharma.
Meditier und spür
Den Buddha.
Meditier und find
Deine Sangha.

Welt

In dieser Welt wirst du emotional erfrieren,
Wenn du nicht in der Lage bist,
Zu meditieren.

Diese Welt wird dir die Kraft rauben
Und deinem Herz die Liebe aussaugen.
Deshalb setz dich hin und finde die Stärke
Beim Meditieren.

Diese Welt kann herzlos sein
Und sie wird dich überschütten
Mit endlosem Leid.
Deshalb meditiere:
Atme aus. Atme ein.

Diese Welt erscheint innen und außen.
Sie will dir Lügen als wahr verkaufen.
Lerne wirklich zu schauen.
Lerne richtig zu entscheiden
Und mit Güte zu verweilen.

Buddhas Medizin

Warum du täglich sitzt?
Weil du täglich leidest!

Meditieren ist Medizin.

Meditieren ist Buddhas Medizin
Gegen dein seelisches Leid.

Meditieren ist Buddhas Medizin
Gegen dein inneres Leid.

Meditieren ist Buddhas Medizin
Gegen deine quälenden Gedanken.

Buddhas Medizin hilft.
Manchmal hilft sie nicht sofort,
Aber sie hilft, wenn du täglich
Meditierst bis zum letzten Atemzug.

Sitzen

Freiheit wartet
Auf die Tat-
Kräftigen.

Frieden
Wartet
Auf die Wahren.

Einfach sitzen
Auf dem Kissen
Und meditieren.

Einfach sitzen
Und den Dharma
Realisieren.

Einfach sitzen
Und das Glück
Anziehen.

Vertrau ihnen

Meditiere
Und realisiere
Den Pfad

Meditiere
Und vergib
Jedem

Meditiere
Und ergreife
Die Leere

Du kannst meditieren und dich so zu etwas Höherem entwickeln. Vertraue den Buddhas, ihren Thangkas und Symbolen. Vertraue ihren Wegen und traue dich, in die Meditationszentren zu gehen!

Freiheit atmen

Atmen
Und sein

Atmen
Und dennoch
Leiden

Vier Wahrheiten:
Leid, Leidensgrund,
Leiderlösung und der heilige
Pfad

Atmen
Und starten

Atmen
Und den Dharma
Erwarten

Atmen
Und sich
Vom Leid befreien

Einfaches Kissen

Einfach nur das Kissen
Und doch fürchten
Sich viele davor

Einfach nur das Kissen
Und doch haben sie
Angst vor ihren eigenen
Gedanken

Einfach nur das Kissen
Und doch trauen sie
Sich nicht, sich ihren
Erinnerungen zu stellen

Einfach nur das Kissen
Und die Chance,
Die geistigen Dämonen
Durch liebendes Mitgefühl
Zu besiegen

Lernen

Loslassen
Ohne zu hassen,
Lernst du beim
Meditieren

Frei zu geben,
Ohne an den Dingen
Festzukleben,
Lernst du beim
Meditieren.

Lieben,
Ohne zu gieren,
Lernst du beim
Meditieren.

Vergeben,
Um wieder echte Nähe
Zu erleben,
Lernst du beim Meditieren.

Beim Meditieren
Tust du nichts
Und doch verändert
Es dich!

Vergänglich und bedingt

Leid ist, scheint
Und verweilt.

Doch Buddha lehrt,
Alles vergeht und
Alles zusammengesetzte
Zerfällt.

Somit vergeht dein Leid.
Somit zerfällt dein Leid.

Also setz dich hin
Und meditiere
Und erlebe, wie
Dein Leid vergeht.

Also setz dich hin
Und meditiere
Und erlebe, wie
Dein Leben in tausend
Stücke zerfällt.

Ein und aus

Einatmen
Und sein.

Einatmen
Und sich
Heilen.

Ausatmen
Und leer sein.

Ausatmen
Und sich
Befreien.

Dunkle Wolken gehen.
Helles Buddhalicht kommt.
Dunkle Sorgen gehen.

Buddhas Lehre kommt.
Der Ausatem geht.
Der Einatem kommt.

Hafte nicht
An der Dualität!

Universum der Meditation

108 Arten
Der Meditation
Überliefert der
Alte Palikanon.

Magische Visualisationen
Lernen die tantrischen
Meditierenden*.

Einfach nur sitzen
Tun viele Zen-Leute.
Andere rattern
Im Koan-Mode.

Ein Universum
An Möglichkeiten
Und Arten bietet
Dir der Pfad
Der Meditation.

Einfach meditieren

Einfach meditieren
Und sich beruhigen.

Wie stilles Wassers sein
Und glücklich bleiben.

Wie die weißen Wolken treiben
Und sich selbst heilen.

Wie die Sonne scheinen
Und strahlend verweilen.

Einfach meditieren
Und jedes Wesen
Von ganzem Herzen
Mitfühlend lieben.

Niemals und für immer

Für immer sitzen,
Wo keine Ewigkeit ist.

Niemals aufhören
Zu meditieren,
Weil nichts
Wirklich vergeht.

Für immer sitzen
In einer Welt,
In der alles im
Wandel ist.

Niemals aufhören
Den Atem zu
Fokussieren.
Niemals aufhören
Nach dem Nirvana
Zu streben.

Chancen

Meditieren
Und Wahres
Realisieren

Sitzen
Und die Lügen
Ausschwitzen

Innehalten
Und wirklich
Anhalten

Einatmen
Und das Glück
Erwarten

Ausatmen
Und Buddhas Pfad
Wagen

Mittlerer Weg

Zu viel warum
Nimmt den Schwung.
Setz dich einfach hin
Und lass den Atem
Fließen.

Zu viel philosophieren,
Kann den Moment zerstören.
Genieße den Augenblick
Und sei hier und jetzt.

Zanken und streiten
Zerreißen.
Übt meditieren,
Um euer Herz zu
Befrieden.

Vergiss die Gier,
Denn sie gibt dir nie,
Was du wirklich willst.
Doch die Meditation
Bringt des Karmas Lohn
Und tiefes Glück.

Sitztraining

Werte entstehen
Im Herzen und
Reifen auf dem
Sitzkissen.

Wir müssen Güte
Kultivieren.
Lasst uns Mitgefühl
Trainieren.

Das Sitzkissen
Ist eine Trainingsbank.
Auf ihm werden
Wir tugendhaft.

Wir trainieren
Beim Meditieren,
Nett zu sein und
Andere zu heilen.

Pfad der Meditation

Finde den Weg,
Den dein Herz geht.

Leb dein Leben
In achtsamen Zügen.

Meditiere für den Frieden
Und übe das Vergeben.

Glaube an den Pfad. Denn Buddha ist ihn bis
zum Ende gegangen. Er fand Nirwana. Er
erwachte und ließ los sein Karma. Gehe auch du
den Pfad wie der Buddha bis zum Ende. Erlebe
des Heils Wende. Lass dein Karma los im
Wiedergeburtenstrom.

Schatten und Fenster

Im Kreis
An die Wand gestarrt.

Hartes Kissen.
Großer Po.

Holzfisch
Und Gong.

Glatzenmänner
Und Frauen.

Dana
Ohne Lama.
Alles minimal.

Morgens. Mittags. Abends.

Sitzen
Auf dem Kissen.

Morgens.
Mittags.
Abends.

Sitzen
Und mit lächelnden Augen
Blinzeln.

Morgens.
Mittags.
Abends.

Ein Leben
Oder viele Leben
Wie der Buddha.

Der Meditation Kraft

Meditieren
Und sich
Stabilisieren.

Meditieren
Und sein Herz
Befriedigen.

In der Meditation
Liegt Kraft und
Die Meditation
Hat Macht,
Den Wahnsinn
Zu durchschneiden
Und heil zu
Verweilen.

Meditiert
Und verliert
Alles Leid
Für immer!

Übung

Wir üben
Das Meditieren.

Wir üben am Morgen
Und lernen frei
Zu atmen.

Wir üben mittags
Und sind verbunden
Mit allem.

Wir üben abends
Und lassen alles los.

Wir üben als Kinder.
Wir üben als Erwachsene.
Wir üben als Greisen.

Wir üben bis wir
Zur Blüte reifen
Und dann meditieren wir.

Jungfräulich

...immer leben
Wie im ersten Augenblick.

...immer fühlen,
Als ob alles jungfräulich ist.

Die Welt gaukelt dir vor,
Es gibt nichts Neues.
Die Welt gaukelt dir vor,
Alles bleibt gleich.

Aber jeder Moment ist neu.
Jeder Augenblick ist neu.
Alles geschieht zum ersten Mal:
Nackt und jungfräulich.

Meditier,
Um die Einzigartigkeit zu spüren.
Meditier,
Um den Augenblick zu fühlen.
Meditier,
Genau jetzt, genau hier.

Schwer

Sie sagen:
Einfach loslassen.
Sie sagen nicht,
Wie schwer es ist,
Einfach loszulassen.

Sie sagen:
Meditiere einfach.
Sie sagen nicht,
Wie anstrengend es ist,
Einfach still zu sitzen.

Sie sagen:
Vergib ihnen.
Sie sagen nicht,
Wie schwer es ist
Über den Schmerz
Hinauszugehen,
Den sie uns gebracht haben.

Zerstört

Zerstört vom Chef.
Kurz davor alles zu verlieren.
Keine Kraft. Keine Energie.
Nur ein Sitzkissen,
Um meine Tränen aufzufangen.

Zerstört vom Geld
Und dem Druck meines Herzens.
Die materielle Welt
Raubt mir die letzten Nerven.
Es bleibt mein Sitzkissen am Abend
Und der kleine Moment,
Wenn der Atem frei von Sorgen fließt.

Zerstört von den Verpflichtungen.
Überfordert von der Gesellschaft.
Sie raubt mir das Lebensglück.
Sie stiehlt mir die Hoffnung.
Sie nimmt den Glauben an bessere Zeiten.
Was bleibt ist mein Kissen.
Es ist die Insel im Wahn
Dieser materiellen Gesellschaft.
Es ist mein Tor zu mir selbst
Und dem Glück, das mir gefällt.

Vergib dir!

Liebe
Auch im Hass
Und vergebe.

Beginne bei dir:
Setz dich hin
Und realisiere!

Nimm dich an
Und gib dir Kraft
Durchs Meditieren.

Liebe
Auch im Schmerz
Und vergebe.

Beginne mit dir
Und fühle tief,
Wie wertvoll du bist!

sät!

Einsamer Same
Des Dharma.

Ein Same reinen Karmas
Reift in der Sangha.

Im Wald der Einsiedler
Umringt von Göttern.

Allein der Buddha
Unterm Bodhibaum

Im Zentrum des
Dreitausendfachen.

Ein Same
Im Schwur des Bodhisattva.

Das Wahre
Im Bodhichitta.

Wie lange?

Wie lange sollst du meditieren?
Solange du leidest!

Wie lange wirst du Leiden?
Bis dich Nirwana befreit!

Wie lange dauert es bis zur Befreiung?
Solange bis du den Pfad vollendest!

Wie lange dauert es, bis du den Pfad vollendest?
Solange bis du bereit bist, alles zu geben!

Wie lange muss ich alles geben?
Solange bis jeder deiner Schritte zur Meditation
geworden ist!

Flieh!

Frieden entsteht im Herzen
Und nicht in den Stürmen der Welt.

Geh! Dreh! Flieh!
Renn! Lauf! Flüchte!

Fürchte die Welt!

Dein wahres Selbst
Ist Nirwana.
Aber diese Welt
Ist nicht Nirwana.
Samsaras Gesetz ist Leid.
Samsaras Wahrheit sind Sorgen.
Samsaras Weg sind Probleme.

Buddhas Gesetz ist Frieden.
Buddhas Wahrheit ist Nirwana.
Buddhas Weg ist Meditation.

Bewusstes Atmen

Goldener Morgen
Bewusster Atemzug

Brennende Mittagssonne
Bewusster Atemzug

Romantischer Sonnenuntergang
Bewusster Atemzug

Der Mond erleuchtet die Nacht
Bewusster Atemzug

Atmen und erleben.
Atmen und sein.
Atmen und meditieren.
Atmen und sich befreien.

Unterm Baum

In einer Welt des Kummers schwimmen wir. Ein Ozean der Sorgen erstreckt sich ringsherum. Die Wellen der Not krachen ungehemmt über uns zusammen. So ist es und so war es, als unsere Großeltern noch Kinder waren.

Der Sturm der Angst peitscht. Panikblitze lassen das Land grell erzittern. Donnervolle Sorgen erschüttern Mark und Bein. Die Welt, in der wir leben, wird verheerend verwüstet.

Das Erdbeben des Krieges erschüttert ein Land nach dem anderen. Riesige Spalten an Streit reißen die Erde auf. Berge aus Hass schießen in die Höhe. Über allem tobt der Feuersturm der Missverständnisse. Das ist der Lauf der Welt, wie er seit Jahrhunderten in den Geschichtsbüchern steht.

Einer saß in Frieden. Er atmete ein, frei von Sorgen, frei von Angst. Er war heil. Kein Hass, kein Krieg war in ihm. Er saß nur da und meditierte.

Wider wieder

Wider den Schmerz
Mit der Meditation

Wider die Sorgen
Mit der Meditation

Wider den Kummer
Mit der Meditation

Wider das Leid
Mit der Meditation

Wieder. Wieder. Und wieder!
Lockt die Welt mit Versprechen.
Lockt die Welt mit Illusionen.
Lockt die Welt mit Genuss.

Wieder. Wieder. Und wieder:
Platzen die Versprechen,
Verpufft die Illusion,
Ist vergiftet der Genuss.

Zwei Saiten

Kummer und Leid.
Sorgen und Neid.
Wut und blanker Hass.
All das
Findest du überall
Auf der Welt.
Deshalb meditier!

Liebe und Mitgefühl.
Vertrauen und Güte.
Wahrheit und Treue.
All diese tollen Glücksbringer
Findest du selten
Auf der Welt.
Aber in der Meditation.

Sie darbt, unsere Erde.
Sie leidet, unsere Erde.
Sie weint, unsere Erde.
Wir darben und leiden
Und weinen mit ihr!
Befreien wir uns
Durchs Meditieren.

Ein und aus

Ich atme ein,
Um mich vom
Stress in meinem Job
Zu befreien.

Ich atme aus
Und stoße alle Macht
Meines Arbeitgebers aus
Meinem Herzen raus.

Ich atme ein,
Um mich von den
Finanziellen Sorgen
Durch Dharma zu befreien.

Ich atme aus,
Und stoße allen Dünkel
Und allen Glauben an den
Materialismus aus!

Kissenwelten

Die Welt rast
Und zerrt.
Ihre Hektik
Frisst den Frieden.

Das Kissen wartet
Und verbindet.
Seine Ruhe
Nährt wahre Güte.

Das Kissen ist
In der Welt.
Die Welt ist
Ein Kissen.

Zwischenraum
Der Kissenwelten.
Emotionale
Kuschelzone
In reinem Sitzen.

Das Kissen
Offenbart die Welt.
Die Tore der Welt
Öffnen sich beim Sitzen.

Es heilt

Es heilt
Nach dem Streit:

Das Meditieren

Das um den Stupa
Kreisen

Das sich
Niederwerfen

Das Dana geben

Das im Herzen
Vergeben

Das den Bodhisattva-
Schwur ablegen

Ich habe geweint

Ich habe geweint,
Dann bin ich zum Buddha-
Tempel gegangen.

Ich habe geweint,
Dann bin ich um den
Stupa gegangen.

Ich habe geweint,
Dann habe ich meinen Blick
Nach innen gerichtet.

Ich habe geweint,
Dann habe ich Dana
Gegeben.

Ich habe geweint
Und wusste nicht wohin,
Aber der Buddha fing
Mich auf.

Sorgloser Bauch

Die Last abschütteln
Und glücklich vorwärtsrücken,
Mit der Kraft der Meditation.

Sich von Problemen befreien
Und einfach glücklich sein,
Ist die Macht der Meditation.

Sich über die Sorgen erheben
Und einfach sorglos leben,
Gelingt dir durch die Meditation.

Den Krieg beenden
Und alles zum Frieden wenden,
Das will die Meditation.

Die Sangha lebt
Den alten Buddhaweg,
Deshalb meditieren wir.

Meditationsbild

Frieden in mir
Dank des Meditationsbildes

Frieden in mir
Bevor ich dem Chef begegne
Bevor ich dem Stress begegne

Frieden in mir
Geboren aus dem Meditationsbild

Schwere Welt
Harter Tag
Unbekannte Sachlage
Frieden in mir
Entsteht aus dem Meditationsbild

Jahre habe ich es gesucht
Und gehofft, dass es bald kommt
Jetzt ist es da
Jetzt ist es wahr
Frieden in mir
Dank des Meditationsbildes

Schwerer Tag

Die Welt ist kein leichtes Feld,
Noch weniger ein Buddhafeld.
In der Welt herrscht Stress
Und viele sind nicht nett.

Das Leben ist hart
Und wir müssen ständig warten.
Die Tage sind zäh
Und tun oft weh.

Das Dasein wird zur Qual,
Doch wir haben keine Wahl.
Ungerechtigkeit bestraft
Und macht uns schwach.

Es bleibt nur ein Kissen
Für das innere Gewissen.
Am Ende bleibt nur der Sarg
Bis zum Wiedergeburtstag.

Sprechblasen beim Meditieren

Leere
Im Gewebe
Der Zeit

Weile
Zerteile
Den Samt

Kampf
Und Krampf
Sinneskissen

Sitzen
Zusammengebissen
Fokus

Sog
Karmalohn
Nirwana

Dharma
Buddhasangha
Sitzkissengedanken

Du auf deinem Kissen

Während die Welt sich weiterdreht,
Sitzt du ruhig auf deinem Kissen.

Während die Welt über dir zusammenfällt,
Sitzt du ruhig auf deinem Kissen.

Du glaubst an die Kraft des Inneren.
Du glaubst an die Macht der Stille.
Du weißt in ihnen ruht das Potential,
Diese Erde schöner zu machen.

Während das Chaos triumphiert,
Sitzt du auf deinem Kissen.

Während sich die Jahreszeiten drehen,
Sitzt du auf deinem Kissen.

Nirwana

Nur Nirwana bringt,
Was weltliches Glück verspricht.
Nur Nirwana ist,
Die Wahrheit höchsten Glücks.

Der Buddha saß
Für Nirwana.
Der Buddha saß
Im Nirwana.

Sitz auch du
Und greif zu,
Wenn das Nirwana
Wahr strahlt.

Sitz auch du
Und lass zu,
Dass der Dharma
Nirwana bewahrt.

Transzendieren

Atme
Gegen den Stress.
Atme
Gegen den Burnout.

Sei der Atem
Deine Kraft.
Sei der Atem
Deine Insel.

Hart, härter,
Am härtesten:
Das ist die Welt
Mit ihrem ganzen Geld.

Frei atmen
Und in dir ruhen.
Frei atmen
In kostbaren Stunden.

Nutze deine Luft
Auf dem Sitzkissen,
Um den Druck der Welt
Zu vergessen und
Zu transzendieren.

Wahrheit

Träume schäumen
Und blenden die wahre Sicht.

Erkennen was ist,
Führt zu Buddhas Licht.

Der Achtfache beginnt
Mit ehrlichem Sehen.

Sieh hin und nimm
Nur, was wirklich ist.

Setz dich hin und erkenn
Die Welt, wie sie ist.

Wahrheit heilt alles Leid.
Wahrheit befreit.

Wahrheit sei!

Weltliche Winde

Tage werden zu Jahren.
Doch auf dem Kissen ist es
Nur ein Moment.

Glück wandelt sich zu Unglück
Und wird wieder zu Glück.
All das geschieht auf dem Kissen.

Arm und reich
Sitzen gleich
Auf dem Sitzkissen.

Gewinn und Verlust.
Vergnügen und Schmerz.
Ruhm und Scham.
Lob und Tadel.

Die Winde wehen
Auf dem Sitzkissen.

Karmameditation

Die Meditation
Ist der Lohn
Guten Karmas.

Die Meditation
Ist der Ort,
An dem gutes
Karma entsteht.

Ist Meditation Karma?

Frage nicht,
Sondern heile dich.
Zweifel nicht,
Sondern befreie dich.

Lebe glücklich
In der Meditation
Und mit deinem
Karma.

Innen

Die Welt zerrt
An deinem Geist,
Deiner Gesundheit
Und deiner Zeit.

Halte an.
Halte ein.
Kehre heim.
Kehre ein
In dein wahres
Sein!

In dir ruht Macht.
In dir liegt spirituelle Kraft.
Sie ruht in dir,
Nicht außen.
Sie liegt in dir,
Nicht außen.

Deshalb setz dich hin
Und meditier auf deinem Kissen!

freies atmen

Das Geschenk
Des freien Atmens
Ist ein Wunder

Frei
Von Sorgen
Frei
Von Problemen
Frei
Von Kummer

Einfach nur zu sein
Und frei zu atmen
Ist ein Wunder

Einfach nur zu sein
Und frei zu atmen
Ist reine Magie

Steinernes Gesicht

Steinernes Buddhagesicht
Sprich schweigend
Mit mir.

Aus der Wand gehauen
Im Vertrauen an seine
Erhabenheit.

Ich sitz auf diesem Stuhl
Und fühl den Sog
Des Spirituellen.

Statuen des Buddha sind
Spirituelles Futter
Und Symbole, dich nach innen
Weisen.

Sitz!

Sitz und lass los.
Denn das Kissen
Ist der Buddhas Schoß.

Sitz und atme.
Lass dich von
Deinen Sorgen heilen.

Sitz und lach.
Denn des Glückes Macht
Wächst im Sitzen.

Sitz und genieß
Der Meditation
Magie.

Sitz und lad mich ein
Zum heilen Zusammen-
Sein.

Frieden

Frieden entsteht
Im Herzen
Und wächst inmitten
Von Schmerzen

Frieden ist
Das Kind der Liebe
Und lebt vom
Meditieren

Frieden ist
Der Schatz der Heimat
Und gedeiht
Beim reinen Atmen

Frieden ist
Der Preis harter Arbeit
Und lehrt
Die Weisesten

Wandel

Ich lebe
Und entstehe.
Ich lebe
Und vergehe.

Sein ist im Nicht-Sein.
Nicht-Sein wird Sein.
Der Wandel auf
Dem ewigen Kissen.

Das Leben beginnt.
Das Leben endet.
Wiedergeburt spinnt.
Alles zieht vorbei
Beim Meditieren.

Sieh dem Wandel ins Gesicht,
Während du auf dem Sitzkissen sitzt!

Finden

Meditieren,
Um sich nicht
Zu verlieren

Riesig ist
Diese Erde
Scheinbar endlos
Das dreitausendfache
Weltensystem

Leicht
Zu leicht
Weicht der Mut
Und gebiert
Den Selbstzwei-
Fel

Meditieren,
Um sich nicht
Zu verlieren

Hier und Jetzt

Halt dich fest
Im hier und jetzt
Sitz aufrecht
Im hier und jetzt

Nur hier, nur jetzt
Findest du dein
Wahres Selbst

Du sitzt jetzt
Und du bist hier

Schneid ab den Drang
In Gedanken des Gestern
Zu verschwinden

Schneid ab die Fantasie
Die nur von der Zukunft träumt

Hier und jetzt
Auf dem Kissen
Hier und jetzt

Mit der Atembrücke
Der Erleuchtung

Innenwelt

Wage in dir selbst zu sein,
Wage in dich reinzuschauen.

In dir liegt ein Ozean.
In dir liegt der Same
Des ganzen Universums.

Schau genau
Und deshalb schau
Nach innen.

Denn was du außen
Scheinst zu sehen,
Entsteht in deinem
Inneren Wesen.

Sitz deshalb auf dem Kissen.
Sitz, um nach innen zu blicken.
Sitz und übe die Innenschau!

Zwanghaft

Vom Zwang
Gefangen.

Gedankenschranken
Verdammen.

Zwanghaftes Denken
Verhindert bewusstes lenken.

Sich befreien
Vom gedanklichen Leiden.

Loslassen
Des zwanghaften Denkens.

Meditieren,
Bis sich die geistigen
Schmerzen auflösen!

Innen und außen

Immerzu kommt von außen.
Immerzu empfängt innen.
Im unerleuchteten Geist.

Erwacht in der Meditation.
Erwacht im Dharma.
Erwacht.

Innen reift.
Nichts ergreift.
Reines verweilen
Auf dem Kissen.

Innen strahlt
Im Dharma wahr.
Innen wagt
Die Nachtwache.

Wahre Sicht

Lebend träumen
Oder den Traum leben.

Gedanken weben
Und Gebilde entstehen.

Zerschneide!
Zerstöre!
Zerstoße!

...die Erscheinungen,
Die dein Geist gemacht.
...die Gebilde,
Die du mit deinem Denken erschaffst.
...die Illusionen,
Die du dir zurecht geträumt hast.

Meditiere für das Wahre.
Meditieren ist das Wahre.
Meditieren, um das Wahre
Wahrhaftig zu erleben.

Überall

In der U-Bahn atmen.
Stehend meditieren
Und den Geist fokussieren.

Menschenmassen!
Atme mit ihnen,
Ohne zu hassen.

Großstadttrubel.
Voll Geduld im Stress.
Niemals müde.

Stau in der Rushhour.
Kein vor. Kein zurück.
Nur hier. Nur jetzt.

Nirwana erlangt der Einsiedler*.
Nirwana erlangt der Großstädter*.
Jede:r hat den Buddhakern überall.

A

Einfach nur atmen
Ohne Sorgen.

Einfach nur atmen,
Ohne den Schmerz
Zu spüren.

Einfach nur atmen
Ohne Zweifel.

Einfach nur atmen
Und glücklich sein.

Einfach nur atmen,
Ohne zu ergreifen.

Einfach nur atmen
Und kein atman,
Aber anatman sein.

Sitz mit uns

Ich sitze.
Der Buddha saß.
Sitzt du auch?

Meditiere für dich selbst.
Meditiere für deine Familie.
Meditiere im Friede.

Der Sinn wird geboren.
Der Sinn fließt dahin.
Der Sinn des Meditierens.

Wieder sitze ich,
So wie der Buddha saß.
Sitzt du mit uns?

Wieder sitze ich und tue,
Was der Buddha tat:
Folge uns ins Nirwana!

Buddhakind

Der Strom der Meditation
Fließt unaufhörlich gen Nirwana.

Dein Leben verliert
Tropfen für Tropfen.

Karma verehrt
Und zerrt.

Der Moment der Entscheidung
Ist da. Triff deine Wahl!

Du sitzt allein
Auf deinem Kissen.

Du bist geboren,
Denn du hast ergriffen.

Du bist ein Buddhakind,
Weil du sitzend
Dein Glück findest.

Wahrheit

Was ist wahr und
Was ist Schein?
Wie kannst du richtig
Unterscheiden?

Du siehst,
Was deine Augen sehen.
Du hörst,
Was deine Ohren hören.

Dein wahres Selbst
Ergreift und zerteilt.
Der Filter deines Geistes
Faltet die Wirklichkeit.

Sitz und erkenn.
Hör auf zu rennen.
Sitz ganz still und leise
Und erkenn das Heilige.

Viele

Viele Wege.
Der Weg der Meditation.
Geh!

Viele Träume.
Wahres Sehen
Auf dem Kissen.

Viele Schlachten.
Frieden finden
In der Sitzgruppe.

Stressiger, hektischer
Alltag im Beruf.
Ruhige Sanghatage.

Viele Welten.
Achtfacher Pfad.
Ein Buddhagedanke.

Knoten

Der Weg vieler Leben
Ist nur das Erleben
Des einen Augenblicks.

Der Strom aller Luft
Vereint sich in einem Atemzug,
Den du auf dem Kissen spürst.

Das ganze Universum
Fokussiert sich im Hier und Jetzt
Eines meditierenden Moments.

Dein ganzes Sein
Kanalisiert im Strom aller Zeit
Ist nur ein Wimpernschlag
In der Sangha.

Die Kraft des Verbundenseins

Allein.
Einsam.
Abgeschnitten.
Anonym.

Meditier!
Setz dich hin
Und meditier!

Verbinde dich
Mit deinem Atem.
Verbinde dich
Mit der ganzen Welt.

Öffne dein Herz
Für andere.
Fühle wahres Mitgefühl
Für andere.

Nie wieder allein.
Nie wieder einsam.
Nie wieder abgeschnitten.
Nie wieder anonym.

Glücklich

Wahres Glück
Muss nicht erträumt,
Aber ergriffen werden.
Lerne zu zugreifen
In der Meditation!

Greif nach der Wahrheit.
Greif nach dem Glück.
Greif nach dem Erwachen.
Greif nach dem nicht mehr greifen.

Wahres Glück entstand
In Buddhas Meditation.

Meditier wie die Buddhas.
Meditier nach dem Dharma.
Meditier in der Sangha.

Atme und lache.
Atme und strahle
Glücklich.

Universal

Der Kern des Universums ruht in dir. Seine unendliche Kraft schläft in deinem tiefsten Wesenskern. Erwecke ihn!

Das ganze Universum schwingt in deinen Genen. Seine Wahrheit ist in dir offenbart. Erkenne sie!

Meditiere und realisiere das ganze Weltall. Dein Blick nach innen ist der Blick in die Unendlichkeit des Raums.

Meditiere und verstehe dein wahres Selbst. Dein Fokus vereint dich mit dem allumfassenden Bewusstsein.

Geh über alles hinaus. Dort wo weder Wahrnehmung und Gefühl ist. Dort erstreckt sich die Wahrheit, die höher ist als alle Welt.

Meditation ist ...

Meditation
Verändert alles.

Meditation
Rettet die Welt.

Meditation
Verzaubert dein Leben.

Meditation
Ist der Stein der Weisen.

Meditation
Ist die Rettungsinsel.

Meditation
Ist das Sprungbrett.

Meditation
Ist der Rat aller Buddhas.

Erfolge

Wenn ich atme
Voll bewusst
Dann stört mein Leid
Mich nicht

Wenn ich meditier
Rein und klar
Dann verblassen
Alle Sorgen für
Einen Moment

Wenn ich mich fokussier
Auf das Koan
Dann kann die Not
Mich nicht finden

Wenn ich klar bin
In mir drin
Findet mich der
Ärger nicht

Wenn ich rezitier
Die Gatas und Mantras
Dann hört der Zweifler
In mir endlich mal auf

Das Ende

Das Ende der Meditation
Ist das Erwachen.
Die Wahrheit der Meditation
Liegt im Erwachen.

Das Ende des Pfades
Ist die Buddhaschaft*.
Die Wahrheit des Pfades
Ist endgültiges Nirwana.

Das Ende des Lebens
Ist die Wiedergeburt nach dem Tod.
Die Wahrheit des Lebens
Liegt in der Vierfachen.

Das Ende aller Lyrik
Ist das lebendige Gedicht.
Die Wahrheit aller Lyrik
Ist Verständnis und Glück.

Setz dich hin.
Atme ein und atme aus.
Lass dein Leiden los
Und sei frei von allem Ergreifen.

Über den Autor:
Niemand sah den Buddha
in seinem nirwanschen Nirgendwo
und erkannte das Nichtige in allem Hass
und aller Gier.